BEI GRIN MACHT SICH IHR WISSEN BEZAHLT

AF143666

- Wir veröffentlichen Ihre Hausarbeit,
  Bachelor- und Masterarbeit

- Ihr eigenes eBook und Buch -
  weltweit in allen wichtigen Shops

- Verdienen Sie an jedem Verkauf

Jetzt bei www.GRIN.com hochladen und kostenlos publizieren

Bibliografische Information der Deutschen Nationalbibliothek:

Die Deutsche Bibliothek verzeichnet diese Publikation in der Deutschen National-bibliografie; detaillierte bibliografische Daten sind im Internet über http://dnb.d-nb.de/ abrufbar.

Impressum:

Copyright © 2015 GRIN Verlag, Open Publishing GmbH
Druck und Bindung: Books on Demand GmbH, Norderstedt Germany
ISBN: 978-3-668-06857-5

Dieses Buch bei GRIN:

http://www.grin.com/de/e-book/307223/der-ruanda-konflikt-und-die-rolle-der-uno-ein-kurzer-ueberblick-ueber

Sebastian Dien

Der Ruanda-Konflikt und die Rolle der UNO. Ein kurzer Überblick über Ursachen und Folgen

GRIN Verlag

GRIN - Your knowledge has value

Der GRIN Verlag publiziert seit 1998 wissenschaftliche Arbeiten von Studenten, Hochschullehrern und anderen Akademikern als eBook und gedrucktes Buch. Die Verlagswebsite www.grin.com ist die ideale Plattform zur Veröffentlichung von Hausarbeiten, Abschlussarbeiten, wissenschaftlichen Aufsätzen, Dissertationen und Fachbüchern.

Besuchen Sie uns im Internet:

http://www.grin.com/

http://www.facebook.com/grincom

http://www.twitter.com/grin_com

RUANDA-KONFLIKT
ROLLE DER UNO

RUANDA-KONFLIKT
INHALT

- WAS IST DER RUANDA-KONFLIKT
- KONFLIKT-ABLAUF
- KONFLIKTFOLGEN
- OFFENSIVE DER RPF
- AUFGABEN DER UNO VOR DEM KONFLIKT
- AUFGABEN DER UNO IM VERLAUF DES KONFLIKTES
- BILANZ ÜBER DIE ROLLE DER UNO IN (BÜRGER-) KRIEGEN
- UNTER WELCHEN BEDINGUNGEN KANN SIE ETWAS ERREICHEN
- KARTE

RUANDA-KONFLIKT
WAS IST DER RUANDA-KONFLIKT

- GLEICHSETZUNG MIT 100-TAGE-VÖLKERMORD IN RUANDA IM JAHR 1994

- 100-JÄHRIGE GESCHICHTE VORM VÖLKERMORD

- 1894 „ENTDECKUNG" RUANDAS

- DEUTSCHEN SUCHTEN NACH WISSENSCHAFTLICHEN BESTÄTIGUNGEN DER HAMITENTHEORIE:
  - TUTSI SIND VON NORDEN EINGEWANDERTE VIEHHIRTEN, DIE ACKERBAU TREIBENDE HUTU VORFANDEN, ÜBER DIE SIE ZU HERRSCHERN GEWORDEN SEIEN

RUANDA-KONFLIKT
WAS IST DER RUANDA-KONFLIKT

- URSPRÜNGLICH WAREN HUTU UND TUTSI SOZIALE UND KEINE ETHNISCHEN KATEGORIEN
- HAMITENTHEORIE WURDE ZUM KOLONIALEN HERRSCHAFTSINSTRUMENT
    - BEVÖLKERUNG WURDE IN EINE ELITE DER TUTSI UND EINE MASSE DER HUTU GETEILT

RUANDA-KONFLIKT
WAS IST DER RUANDA-KONFLIKT

- BELGIER VERTRIEBEN DIE DEUTSCHEN IM LAUFE DES ERSTEN WELTKRIEGES
- ERHIELTEN 1918 EIN VÖLKERBUNDMANDAT FÜR RUANDA
- FÜHRTEN EINE VOLKSZÄHLUNG DURCH UND VERANKERTEN DIE TEILUNG DER BEVÖLKERUNG
    - KRITERIUM FÜR DIE EINTEILUNG IN HUTU UND TUTSI WAR DER BESITZ AN VIEH

RUANDA-KONFLIKT
WAS IST DER RUANDA-KONFLIKT

- ABSETZUNG DES TUTSI-KÖNIG KIGERI V 1961
- AUSRUF DER REPUBLIK RUANDA DURCH DIE VON DER PARMEHUTU ANGEFÜHRTEN NEUE REGIERUNG
- AM 1. JULI 1962 WURDE RUANDA OFFIZIELL UNABHÄNGIG

RUANDA-KONFLIKT
WAS IST DER RUANDA-KONFLIKT

- IN EINEM BÜRGERKRIEG WURDEN UNZÄHLIGE TUTSI UMGEBRACHT
- IN DEN FOLGENDEN JAHREN KAM ES IMMER WIEDER ZU MASSAKERN AN DEN IM LANDE VERBLIEBENEN TUTSI
- ZEHNTAUSENDE TUTSI FLOHEN IN DIE NACHBARLÄNDER, VOR ALLEM NACH UGANDA
- AM 5. JULI 1973 PUTSCHTE DAS MILITÄR UNTER GENERAL JUVÉNAL HABYARIMANA, DER 1978 WAHLEN DURCHFÜHREN LIEß

RUANDA-KONFLIKT
WAS IST DER RUANDA-KONFLIKT

- IM AUGUST 1988 KAM ES IM NACHBARLAND BURUNDI ZU SYSTEMATISCHEN MASSAKERN AN DER HUTU-BEVÖLKERUNG VON SEITEN DER VON TUTSI DOMINIERTEN ARMEE
  - MASSIVE FLÜCHTLINGSSTRÖME NACH RUANDA
- AB 1990 FORDERTE EINE TUTSI-REBELLENARMEE DIE RÜCKKEHR DER TUTSI-FLÜCHTLINGE NACH RUANDA
- ES KAM ZUM BÜRGERKRIEG

KONFLIKT-ABLAUF
RUANDA-KONFLIKT

RUANDA-KONFLIKT
KONFLIKT-ABLAUF

6. APRIL 1994

- ABSCHUSS EINES FLUGZEUGES
- TOTE
  - RUANDISCHEN PRÄSIDENTEN JUVENAL HABYARIMANA
  - BURUNDISCHER AMTSKOLLEGE CYPRIEN NTARYAMIRA
- STAATLICHE MEDIEN BESCHULDIGEN DIE TUTSI- OPPOSITION, HINTER DEM ATTENTAT ZU STECKEN
- NOCH IN DER NACHT KOMMT ES ZU ERSTEN GEWALTTATEN GEGEN TUTSI

RUANDA-KONFLIKT
KONFLIKT-ABLAUF

7. APRIL

- TUTSI-FÜHRER UND GEMÄSSIGTE HUTU-POLITIKER WERDEN SYSTEMATISCH GEJAGT UND GETÖTET
- ROMO DALLAIRE
  - KOMMANDANT DER 5000 MANN STARKEN UN-FRIEDENSTRUPPEN IN RUANDA
  - ERHÄLT DIE ANORDNUNG, BEWAFFNETE AUSEINANDERSETZUNGEN ZU VERMEIDEN UND SICH NICHT IN DEN KONFLIKT EINZUMISCHEN
- ZEHN BELGISCHE UN-BLAUHELME WERDEN VON EINEM MOB GETÖTET.

RUANDA-KONFLIKT
KONFLIKT-ABLAUF

11. APRIL

- DAS INTERNATIONALE ROTE KREUZ SCHÄTZT, DASS BEREITS MEHRERE ZEHNTAUSEND MENSCHEN GETÖTET WURDEN
- UN-SOLDATEN, DIE IN EINER SCHULE IN KIGALI 2000 TUTSI BESCHÜTZT HATTEN, WERDEN ZUM FLUGHAFEN BEORDERT
  - NACH IHREM ABZUG WERDEN DIE MEISTEN DER TUTSI GETÖTET

RUANDA-KONFLIKT
KONFLIKT-ABLAUF

14. APRIL

- BELGIEN ZIEHT SEINE SOLDATEN AUS DER UN-TRUPPE AB.

RUANDA-KONFLIKT
KONFLIKT-ABLAUF

15. APRIL

- MEHRERE TAUSEND TUTSI WERDEN OPFER EINES MASSAKERS
- IN DEN FOLGEWOCHEN WERDEN KIRCHEN UND KLÖSTER ZU SCHAUPLÄTZEN DES MASSENMORDS

RUANDA-KONFLIKT
KONFLIKT-ABLAUF

19. APRIL

- DIE MENSCHENRECHTSORGANISATION HUMAN RIGHTS WATCH
  - SPRICHT VON 100 000 TOTEN IN RUANDA
  - APPELLIERT AN DEN UN- SICHERHEITSRAT, DIE EREIGNISSE IN RUANDA ALS VÖLKERMORD ZU BEZEICHNEN
- UN-SICHERHEITSRAT ENTSCHEIDET ZWEI TAGE SPÄTER, 90 PROZENT DER FRIEDENSTRUPPEN IN RUANDA ABZUZIEHEN

RUANDA-KONFLIKT
KONFLIKT-ABLAUF

30. APRIL

- IN EINER UN-RESOLUTION WIRD DAS TÖTEN IN RUANDA VERURTEILT
- DER BEGRIFF VÖLKERMORD WIRD JEDOCH VERMIEDEN.

RUANDA-KONFLIKT
KONFLIKT-ABLAUF

17. MAI

- DIE UN STIMMEN SECHS WOCHEN NACH BEGINN DES VÖLKERMORDS DER BITTE GENERAL DALLAIRES ZU DIE FRIEDENSTRUPPEN IN RUANDA AUF 5 000 MANN AUFZUSTOCKEN
- IN EINER RESOLUTION DES UN-SICHERHEITSRATES IST ERSTMALS DAVON DIE REDE, DASS ES "ZU FÄLLEN VON VÖLKERMORD GEKOMMEN SEIN KANN."
- MEHR ALS 300 000 MENSCHEN WERDEN IN RUANDA GETÖTET
    - WÄHRENDDESSEN WIRD IN DER UN- VERWALTUNG NOCH ZWEI WOCHEN LANG ÜBER DIE FINANZIERUNG DER UN-TRUPPEN DISKUTIERT

RUANDA-KONFLIKT
KONFLIKT-ABLAUF

22. MAI

- TRUPPEN DER RUANDISCHEN PATRIOTISCHEN FRONT
  - VON UGANDA AUS NACH RUANDA EINGEDRUNGEN
  - BRINGEN DEN FLUGHAFEN KIGALI UNTER IHRE KONTROLLE

RUANDA-KONFLIKT
KONFLIKT-ABLAUF

22. JUNI

- FRANKREICH ERHÄLT VOM UN-SICHERHEITSRAT DAS MANDAT ZUR INTERVENTION
- IN SÜDWESTRUANDA SOLLEN DIE FRANZOSEN EINEN "SICHEREN KORRIDOR" EINRICHTEN
  - DAS MORDEN GEHT AUCH DORT WEITER
    - EINE RUANDISCHE UNTERSUCHUNGSKOMMISSION WIRFT FRANKREICH SPÄTER KOMPLIZENSCHAFT MIT DEN MÖRDERN VOR

RUANDA-KONFLIKT
KONFLIKT-ABLAUF

17. JULI

- DIE TRUPPEN DER RUANDISCHEN PATRIOTISCHEN FRONT ERREICHEN KIGALI
- GENAU 100 TAGE GING DAS MASSENMORDEN
- DIE HUTU-REGIERUNG FLIEHT INS BENACHBARTE ZAIRE
    - GEFOLGT VON ZEHNTAUSENDEN HUTUS
        - FÜRCHTEN DIE RACHE DER TUTSI

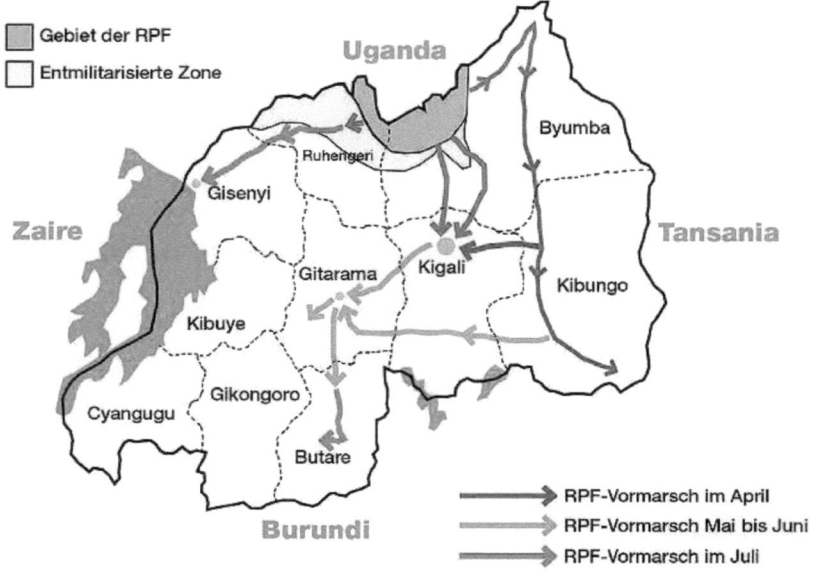

KONFLIKTFOLGEN

RUANDA-KONFLIKT

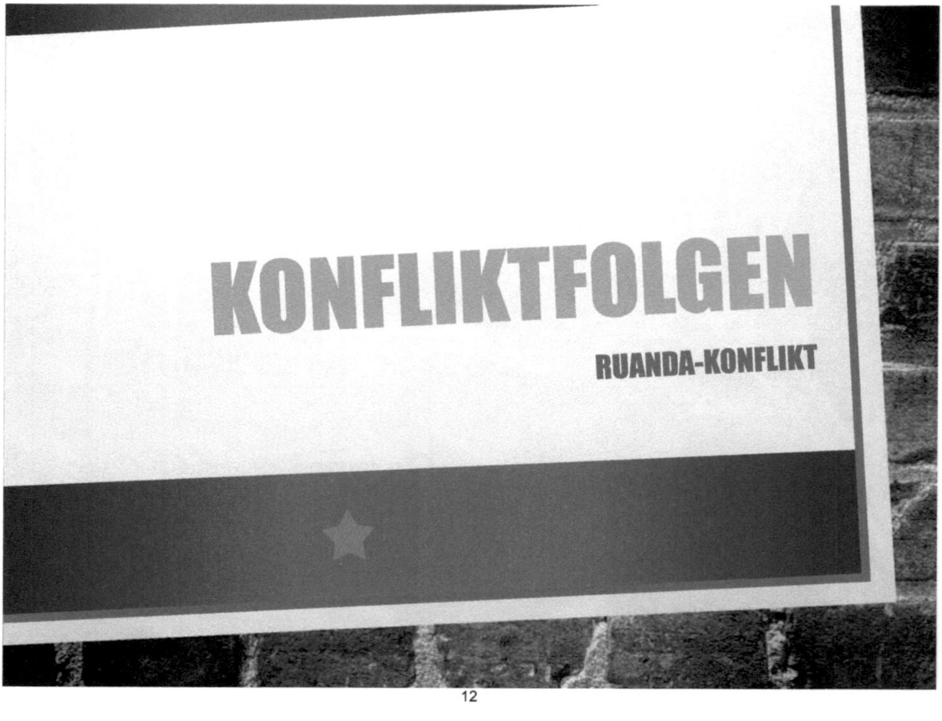

RUANDA-KONFLIKT
KONFLIKTFOLGEN

- 100-TAGE-VÖLKERMORD IN RUANDA VOM 6. APRIL 1994 - MITTE JULI 1994 MIT 860.000 ERMORDETEN TUTSI UND 30.000 ERMORDETEN HUTU.
- NACH DEM VÖLKERMORD FLOHEN RUND ZWEI MILLIONEN HUTUS INS NACHBARLAND KONGO
- DORT FORMIERTEN SICH TEILE DER GEFLOHENEN HUTUS ALS MILIZ NEU
  - UNTER DEM NAMEN DEMOKRATISCHE KRÄFTE FÜR DIE BEFREIUNG RUANDAS (FDLR)
  - VERBREITEN BIS HEUTE ANGST UND SCHRECKEN
- MIT BISHER ÜBER 6 MILLIONEN TOTEN SIND DIE BIS HEUTE ANDAUERNDEN KONGO-KRIEGE DIE OPFERREICHSTEN AUSEINANDERSETZUNG SEIT DEM ZWEITEN WELTKRIEG.

RUANDA-KONFLIKT
KONFLIKTFOLGEN

- DAS JUSTIZSYSTEM RUANDAS WAR NICHT IN DER LAGE, VERFAHREN GEGEN HUNDERTTAUSENDE TÄTER ZU FÜHREN
- ES WURDEN DORFGERICHTE (GACCA) EINGESETZT
- DAS UN-SONDERTRIBUNAL IM TANSANISCHEN ARUSHA IST ÜBERFORDERT
- DIE MEISTEN TÄTER SIND BIS HEUTE NICHT GEFASST

RUANDA-KONFLIKT
KONFLIKTFOLGEN

- DIE RUND 300 000 ÜBERLEBENDEN OPFER DES GENOZIDS MÜSSEN HEUTE WIEDER SEITE AN SEITE MIT DEN TÄTERN LEBEN
- VIELE DER OPFER UND TÄTER LEIDEN BIS HEUTE AN DEN PSYCHISCHEN FOLGEN
- HEUTE IST ES VERBOTEN, DIE WORTE HUTU UND TUTSI IN DEN MUND ZU NEHMEN
  - EIN GESETZ VERBIETET „GENOZID-IDEOLOGIE" UND DAS LEUGNEN DES GENOZIDS
- DER 7. APRIL IST IN RUANDA GEDENKTAG.

AUFGABEN DER UNO VOR DEM KONFLIKT
RUANDA-KONFLIKT

RUANDA-KONFLIKT
AUFGABEN DER UNO VOR DEM KONFLIKT

- DIE UNITED NATIONS ASSISTANCE MISSION FOR RWANDA (UNAMIR) (UNTERSTÜTZUNGSMISSION DER VEREINTEN NATIONEN FÜR RUANDA) WAR EINE MISSION ZUR DURCHSETZUNG DES ARUSHA-ABKOMMENS
  - DAS AM 4. AUGUST 1993 UNTERZEICHNETE ARUSHA-ABKOMMEN BEZEICHNET EIN FRIEDENSABKOMMEN ZWISCHEN DEN RUANDISCHEN BÜRGERKRIEGSPARTEIEN:
    - DER RUANDISCHEN PATRIOTISCHEN FRONT (RPF) UNTER GENERALMAJOR PAUL KAGAME UND IHREM POLITISCHEM ARM, DER CND (CONSEIL NATIONAL POUR LE DÉVELOPPEMENT).
    - DEN HUTU-DOMINIERTEN REGIERUNGSTRUPPEN DES DAMALIGEN PRÄSIDENTEN JUVÉNAL HABYARIMANA UND SEINER REGIERUNGSPARTEI DER MRND (MOUVEMENT RÉPUBLICAIN NATIONAL POUR LA DÉMOCRATIE ET LE DÉVELOPPEMENT) .

RUANDA-KONFLIKT
AUFGABEN DER UNO VOR DEM KONFLIKT

- DIE UNAMIR MISSION DAUERTE VON OKTOBER 1993 BIS MÄRZ 1996

- ZUR ERFÜLLUNG DER MISSION STANDEN DEN LEITERN VON UNAMIR URSPRÜNGLICH (BIS APRIL 1994) 2.217 SOLDATEN, 331 UNBEWAFFNETE MILITÄRBEOBACHTER (MILOB – MILITARY OBSERVER) SOWIE ETWA 60 POLIZISTEN UND ZIVILE MITARBEITER ZUR VERFÜGUNG

- DIESES KONTINGENT WURDE HAUPTSÄCHLICH IN DER DEMILITARISIERTEN ZONE UND IN DER RUANDISCHEN HAUPTSTADT KIGALI ZUR ÜBERWACHUNG DER WAFFENRUHE EINGESETZT

RUANDA-KONFLIKT
AUFGABEN DER UNO VOR DEM KONFLIKT

- **UNAMIR WAR EINE FRIEDENSERHALTENDE MISSION**
  - **IM GEGENSATZ ZU EINER FRIEDENSERZWINGENDEN MISSION HANDELTE ES SICH UM EINE REIN DEFENSIVE OPERATION**
- **DIE REGELN SAHEN FÜR DEN KAMPFEINSATZ VOR, DASS BEI VERBRECHEN GEGEN DIE MENSCHLICHKEIT WAFFENGEWALT DURCH DIE UN-TRUPPEN AUSGEÜBT WERDEN KÖNNTE, UM DIESE ZU UNTERBINDEN**

AUFGABEN DER UNO IM VERLAUF DES KONFLIKTES
RUANDA-KONFLIKT

RUANDA-KONFLIKT
AUFGABEN DER UNO IM VERLAUF DES KONFLIKTES

- ANZEICHEN FÜR PLANUNGEN ZUM VÖLKERMORD GIBT ES SEIT SOMMER 1993.
- AM 11. JANUAR 1994 WIRD DIE UN-ZENTRALE IN NEW YORK VOR EINER BEVORSTEHENDEN „VERNICHTUNG" DER TUTSI-MINDERHEIT GEMAHNT
- DORT IST KOFI ANNAN FÜR FRIEDENSEINSÄTZE VERANTWORTLICH
- ANNAN VERBIETET DALLAIRE, PARTEI ZU ERGREIFEN
- ZU BEGINN DES VÖLKERMORDS WERDEN ZEHN BELGISCHE BLAUHELME BRUTAL ERMORDET
- BELGIEN ZIEHT SEINE BLAUHELM-SOLDATEN AB

RUANDA-KONFLIKT
AUFGABEN DER UNO IM VERLAUF DES KONFLIKTES

- DIE BLAUHELME KONZENTRIEREN SICH DARAUF, AUSLÄNDER ZU RETTEN

  „WIR HATTEN FLÜSSE VOLLER LEICHEN DURCHWATET, BRÜCKEN ÜBERQUERT, AN DEREN PFEILERN SICH DIE TOTEN STAPELTEN, WAREN AN SÜMPFEN VORBEIGEKOMMEN, DEREN PEGEL DURCH DIE MASSE AUFGEBLÄHTER TOTER LEIBER GESTIEGEN WAR. WIR HOLTEN ERFOLGREICH HIER EINE FAMILIE AB, DORT EINIGE NONNEN, HIER EINEN VERLORENEN AUSLÄNDER." (ROMÉO DALLAIRE)

RUANDA-KONFLIKT
AUFGABEN DER UNO IM VERLAUF DES KONFLIKTES

- AM 21. APRIL BESCHLIEßT DER UN-SICHERHEITSRAT, DIE BLAUHELME ABZUZIEHEN
  - NUR EIN ZEHNTEL BLEIBT ZURÜCK, 270 MANN
- AM 17. MAI FASST DER UN-SICHERHEITSRAT DEN BESCHLUSS, DIE BLAUHELM-MISSION IN RUANDA WIEDER AUF 5 500 SOLDATEN AUFZUSTOCKEN
  - NICHT EIN EINZIGES RATSMITGLIED IST BEREIT, TRUPPEN ZU ENTSENDEN
  - DIE 5500-MANN-MISSION EXISTIERT NUR AUF DEM PAPIER

RUANDA-KONFLIKT
AUFGABEN DER UNO IM VERLAUF DES KONFLIKTES

- ERST AM 22. JUNI ENTSENDET FRANKREICH 2500 SOLDATEN („OPERATION TÜRKIS") - UM EINE „SCHUTZZONE" FÜR HUTUS ZU ERRICHTEN
- SIE ENTKOMMEN ÜBER GOMA IN DEN OST-KONGO.
  - „ICH HABE DAS GEFÜHL, DASS WIR EIN ABLENKUNGSMANÖVER WAREN, JA SOGAR DIE OPFERLÄMMER SPIELEN MUSSTEN, DAMIT DIE STAATSMÄNNER SAGEN KONNTEN, DIE WELT UNTERNEHME ETWAS, UM DAS MORDEN ZU STOPPEN. TATSÄCHLICH WAREN WIR NICHTS ANDERES ALS EIN FEIGENBLATT."(ROMÉO DALLAIRE)

RUANDA-KONFLIKT
BILANZ ÜBER DIE ROLLE DER UNO IN (BÜRGER-) KRIEGEN

- AM 16. DEZEMBER 2000 WURDE IN NEW YORK DER BERICHT EINER UN INTERNEN KOMMISSION VORGESTELLT

- DAS GREMIUM KAM ZU EINEM VERNICHTENDEN URTEIL:
    - HINWEISE AUF DEN GEPLANTEN VÖLKERMORD SEIEN IGNORIERT UND EINGREIFEN ABSICHTLICH VERWEIGERT WORDEN
    - DIE MITGLIEDER DES SICHERHEITSRATES SEIEN NICHT BEREIT GEWESEN, EINE SCHLAGKRÄFTIGE FRIEDENSTRUPPE AUFZUSTELLEN

- UN-GENERALSEKRETÄR ANNAN ERKLÄRTE, ER GEBE DAS VERSAGEN DER UNO ZU UND BEREUE ES ZUTIEFST

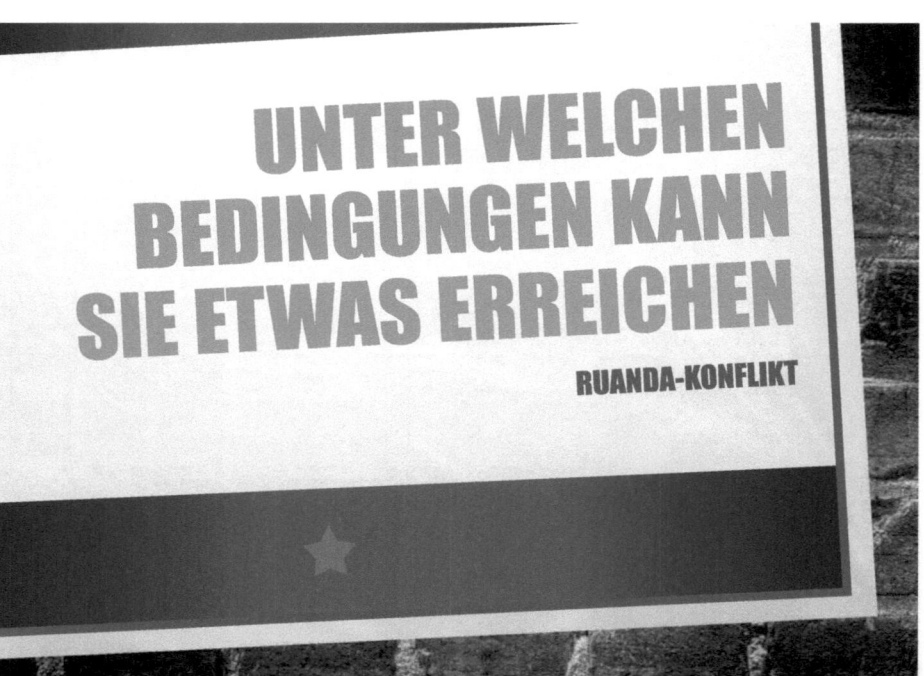

RUANDA-KONFLIKT
UNTER WELCHEN BEDINGUNGEN KANN SIE ETWAS ERREICHEN

- DIE UN KANN IMMER NUR SO GUT ODER SO SCHLECHT SEIN WIE DIE SUMME DER POLITIK IHRER MITGLIEDER
- DAZU BRAUCHT ES EINE EINHEITLICHE LINIE DER MITGLIEDER
  - DIE INTERESSEN DER EINZELNEN LÄNDER ÜBERLAGERN OFT ABER HUMANITÄRE FRAGEN UND MENSCHENRECHTE
    - AN DEN KONFLIKTEN IN AFRIKA BESTEHT ZUM BEISPIEL KAUM INTERESSE.

Quelle: https://upload.wikimedia.org/wikipedia/commons/8/81/Ruanda_deutsch_UNO-Karte.jpg

RUANDA-KONFLIKT
QUELLEN

- FILM „HOTEL RUANDA".
- FILM „SHAKE HANDS WITH THE DEVIL" ÜBER ROMÉO DALLAIRE.
- TUGIRE UBUMWE – LET'S UNITE!   COMIC DER UN ÜBER DEN GENOZID IN RUANDA.
- BUNDESZENTRALE FÜR POLITISCHE BILDUNG
- TWITTER-TIMELINE @RUANDA1994
- ARBEITSBLATT KOLONIALHERRSCHAFT RUANDA
- KWIBUKA – RUANDISCHE WEBSITE
- WIKIPEDIA
- N-TV